LIBRO RECOMENDADO

Jarosław Jankowski

¿Sabes quién eres?
Una guía por los 16 tipos de personalidad ID16™©

¿Por qué somos tan diferentes? ¿Por qué asimilamos la información de forma distinta, descansamos de otra manera, tomamos decisiones de otra forma y organizamos de manera diferente nuestra vida?

«¿Sabes quién eres?» te permitirá comprenderte mejor a ti mismo y a los demás. El test ID16 ™© incluido en el libro te ayudará a determinar tu tipo de personalidad, ofreciéndote una valiosa introspección.

Tu tipo de personalidad:

Director

(ENTJ)

Tu tipo de personalidad:

Director

(ENTJ)

JAROSŁAW JANKOWSKI

LOGOS MEDIA

Tu tipo de personalidad: Director (ENTJ)

Esta publicación puede ayudarte a utilizar mejor tu potencial, a crear relaciones saludables con otras personas y a tomar buenas decisiones en lo relativo a la educación y la carrera profesional. Sin embargo, en ningún caso debería ser tratada como un sustituto de una consulta psicológica o psiquiátrica especializada. El autor y el editor no asumen la responsabilidad por los eventuales daños resultantes de un uso indebido de este libro.

ID16™© es una tipología de la personalidad original. No se la debe confundir con las tipologías y los test de personalidad de otros autores o instituciones.

Título original: Twój typ osobowości: Dyrektor (ENTJ)

Traducción del idioma polaco: Ángel López Pombero, Lingua Lab, www.lingualab.pl

Redacción: Xavier Bordas Cornet, Lingua Lab, www.lingualab.pl

Redacción técnica: Zbigniew Szalbot

Editor: LOGOS MEDIA

ISBN (versión impresa): 978-83-7981-185-4

ISBN (EPUB): 978-83-7981-186-1

ISBN (MOBI): 978-83-7981-187-8

Índice

Prólogo

Tu tipo de personalidad: Director (ENTJ) es un extraordinario compendio de conocimiento acerca del *director*, uno de los 16 tipos de personalidad ID16™©.

Esta guía es parte de la serie ID16™©, formada por 16 libros dedicados a los diferentes tipos de personalidad. De forma exhaustiva y clara responden a las siguientes preguntas:

- ¿Qué piensan y sienten las personas que pertenecen a un determinado tipo de personalidad? ¿Cómo toman las decisiones? ¿Cómo solucionan los problemas? ¿De qué tienen miedo? ¿Qué les irrita?

- ¿Con qué tipos de personalidad se relacionan y cuáles evitan? ¿Qué tipo de amigos, cónyuges, padres son? ¿Cómo los ven los demás?

- ¿Qué predisposiciones profesionales tienen? ¿En qué entorno trabajan de manera más efectiva? ¿Qué profesiones se corresponden mejor con su tipo de personalidad?

- ¿En qué son buenos y en qué deben mejorar? ¿Cómo deben aprovechar su potencial y evitar las trampas?

- ¿Qué personas conocidas pertenecen a un determinado tipo de personalidad?

- ¿Qué sociedad muestra más rasgos característicos de un determinado tipo?

En este libro también encontrarás la información más importante sobre la tipología ID16™©.

Esperamos que te ayude a conocerte mejor a ti mismo y a los demás.

EDITORES

ID16™© entre las tipologías de personalidad de Jung

ID16™© pertenece a la familia de las denominadas tipologías de personalidad de Jung, que hacen referencia a la teoría de Carl Gustav Jung (1875 – 1961), psiquiatra y psicólogo suizo, uno de los principales representantes de la denominada psicología profunda.

Sobre la base de muchos años de estudio y observación, Jung llegó a la conclusión de que las diferencias en las actitudes y las preferencias de las personas no son casuales. Creó la división, bien conocida hoy en día, entre extrovertidos e introvertidos. Además, distinguió cuatro funciones de la personalidad, que forman dos pares de factores contrarios: percepción – intuición y pensamiento – sentimiento. Estableció también que en cada una de estas parejas domina una de las funciones. Jung llegó a la convicción de que las funciones dominantes de cada persona son permanentes e independientes de las condiciones externas y que su resultante es el tipo de personalidad.

En el año 1938 dos psiquiatras estadounidenses, Horace Gray y Joseph Wheelwright, crearon el primer test de personalidad basado en la teoría de Jung, que permitía determinar las funciones dominantes en las tres dimensiones descritas por él: **extroversión – introversión**, **percepción – intuición** y **pensamiento – sentimiento**. Este test se convirtió en una inspiración para otros investigadores. En el año 1942, también en suelo americano, Isabel Briggs Myers y Katharine Briggs comenzaron a emplear su propio test de personalidad, ampliando el clásico modelo tridimensional de Gray y Wheelwright con una cuarta dimensión: **juicio – percepción**. La mayoría de las tipologías y test de personalidad posteriores, referidos a la teoría de Jung, también toman en consideración esta cuarta dimensión.

Pertenecen a ellas, entre otros, la tipología americana publicada en el año 1978 por David W. Keirsey, así como el test de personalidad creado en Lituania en los años 70 del siglo XX por Aušra Augustinavičiūtė. En las décadas posteriores, investigadores de diferentes partes del mundo fueron tras sus huellas. Ellos crearon otras tipologías con cuatro dimensiones y varios test de personalidad adaptados a las condiciones y necesidades locales.

A este grupo pertenece la tipología de personalidad independiente ID16™©, desarrollada en Polonia por el pedagogo y mánager Jarosław Jankowski. Esta tipología, publicada en la primera década del siglo XXI, también se basa en la teoría clásica de Carl Jung. Al igual que otras tipologías de Jung contemporáneas, se inscribe en la corriente del análisis tetradimensional de la personalidad. En el marco de ID16™© estas dimensiones se llaman las **cuatro tendencias naturales**. Estas tendencias tienen un carácter dicotómico y su imagen proporciona información sobre el tipo de personalidad de la persona. El análisis de la primera tendencia tiene como objetivo determinar la **fuente de energía vital** dominante (el mundo exterior o el mundo interior). El análisis de la segunda tendencia determina la **forma dominante de asimilación de la información** (a través de los sentidos o a través de la intuición). El análisis de la tercera tendencia determina la **forma de toma de decisiones** dominante (según la razón o el corazón). El análisis de la cuarta tendencia determina, sin embargo, el **estilo de vida** dominante (organizado o espontáneo). La combinación de todas estas tendencias naturales da como resultado **16 posibles tipos de personalidad.**

La característica especial de la tipología ID16™© es su dimensión práctica. Esta describe los diferentes tipos de personalidad según se comportan en la acción: en el trabajo, en la vida diaria y en las relaciones con otras personas. No se concentra en la dinámica interna de la personalidad, ni tampoco intenta aclarar teóricamente procesos interiores e invisibles. Más bien se concentra en cómo un determinado tipo de personalidad se manifiesta al exterior y de qué forma influye sobre el entorno. Este acento en el aspecto social de la personalidad aproxima de cierto modo la tipología ID16™© a la tipología de Aušra Augustinavičiūtė anteriormente mencionada.

Cada uno de los 16 tipos de personalidad ID16™© es la resultante de las tendencias naturales de la persona. La inclusión en un determinado tipo no tiene, sin embargo, características evaluativas. Ningún tipo de personalidad es mejor o peor que los otros. Cada uno de los tipos es simplemente diferente y cada uno tiene sus puntos potencialmente fuertes y débiles. ID16™© permite identificar y describir estas diferencias. Ayuda a comprenderse a uno mismo y a descubrir nuestro lugar en el mundo.

Conocer el perfil propio de personalidad permite a las personas aprovechar en su totalidad su potencial y trabajar en las áreas que pueden causarles problemas. Este conocimiento constituye una ayuda inestimable en la vida diaria, en la solución de problemas, en la creación de relaciones sanas con otras personas y en la toma de decisiones acerca de la educación y la carrera profesional.

La determinación del tipo de personalidad no es un proceso de carácter arbitrario y mecánico. Cada persona, como «propietario y usuario de su personalidad» es plenamente competente para determinar a qué tipo pertenece. Su papel en este proceso es, por lo tanto, crucial. Esta autoidentificación puede realizarse analizando las descripciones de los 16 tipos de personalidad y estrechando gradualmente el campo de elección. Sin embargo, se puede elegir un camino más corto: utilizar el test de personalidad ID16™©. También en este caso, el «usuario de la personalidad» tiene un papel primordial, ya que el resultado del test depende exclusivamente de las respuestas del usuario.

La identificación del tipo de personalidad ayuda a conocerse a uno mismo y a los demás; no obstante, no debería ser tratada como una profecía que predestina el futuro. El tipo de personalidad nunca puede justificar nuestras debilidades o nuestras malas relaciones con otras personas (¡aunque puede ayudar a comprender sus motivos!).

En el marco de ID16™© el tipo de personalidad no es tratado como un estado estático, genéticamente determinado, sino como la resultante de características innatas y adquiridas. Este enfoque no quita importancia al libre albedrío, ni tampoco pretende clasificar a las personas. Abre ante nosotros nuevas perspectivas que nos animan a trabajar sobre nosotros mismos, ya su vez estas perspectivas nos muestran las áreas en las que este trabajo es más necesario.

Director (ENTJ)

La personalidad a grandes rasgos

Lema vital: *Os diré lo que hay que hacer.*

Independiente, activo y decidido. Racional, lógico y creativo. Percibe un contexto más amplio de los problemas analizados y es capaz de prever las futuras consecuencias de las acciones humanas. Se caracteriza por el optimismo y un sensato sentido de su propio valor. Es capaz de transformar conceptos teóricos en planes de actuación concretos y prácticos.

Visionario, mentor y organizador. Tiene unas capacidades de liderazgo innatas. Su fuerte personalidad, su criticismo y su estilo directo a menudo intimidan a los demás y provocan problemas en sus relaciones interpersonales.

Tendencias naturales del *director*:

- Fuente de energía vital: mundo exterior.
- Asimilación de información: intuición.
- Toma de decisiones: razón.
- Estilo de vida: organizado.

Tipos de personalidad similares:

- *Innovador*
- *Estratega*
- *Lógico*

Datos estadísticos:

- Los *directores* constituyen el 2-5% de la población.
- Entre los *directores* predominan claramente los hombres (70%).
- El país que se corresponde con el perfil de *director* es Holanda[1].

Código literal:

El código literal universal del *director* en las tipologías de personalidad de Jung es ENTJ.

Características generales

Los *directores* son independientes, activos y enérgicos. Se guían por su propia intuición y

---

[1] Esto no quiere decir que todos los habitantes de Holanda pertenezcan a este tipo de personalidad, sino que la sociedad holandesa, en su conjunto, tiene muchas características del *director*.

confían mucho en ella. Son personas con una mente lúcida. Son capaces de relacionar diversos hechos entre sí, y ver su dependencia mutua, extrayendo de ello generalizaciones acertadas. Analizan los problemas desde diferentes puntos de vista y los estudian desde una perspectiva más amplia.

Percepción y pensamientos

Perciben rápidamente las condiciones y circunstancias cambiantes. Son excepcionalmente lógicos y racionales, capaces de realizar una valoración objetiva e imparcial de la situación. Piensan a largo plazo. Tienen en cuenta diferentes escenarios posibles y son capaces de prever las consecuencias a largo plazo de las acciones emprendidas. Por lo general, son optimistas. Creen en sus posibilidades y suponen que podrán hacer lo que emprenden. Sin embargo, no son soñadores, sino que son conscientes del esfuerzo que debe ponerse en la realización de las tareas. Se preparan en serio para el trabajo y no les gusta la improvisación.

Decisiones

Son capaces de transformar las teorías y los conceptos generales en planes de actuación concretos. Son visionarios. La visión que tienen les da energía y les motiva para el trabajo. Cuando tienen que tomar alguna decisión les gusta tener tiempo para reflexionar. Consideran diferentes posibilidades y eligen las que les parecen más lógicas y racionales. Una vez tomada la decisión, pasan rápido a la acción.

A los ojos de los demás

Son percibidos por los demás como personas con una personalidad fuerte: son enérgicos, resueltos y decididos. Son generalmente valorados por su seriedad y laboriosidad. Sin embargo, a menudo son vistos como personas a las que resulta difícil acercarse y a las que es difícil conocer. A muchos les intimida (e incluso les desanima) su carácter directo. Algunos los consideran demasiado críticos y exigentes. A veces, sus familiares y sus colaboradores se quejan de que «es difícil contentarlos completamente».

Brújula interior

Los *directores* son muy independientes. No se guían por las ideas dominantes ni por las tendencias vigentes. Sus propias reflexiones y conclusiones son para ellos más importantes que las opiniones de otras personas. Para ellos, no tiene importancia si sus convicciones son compartidas por los demás. Están extraordinariamente apegados a sus propios principios y puntos de vista. Presentan sus valoraciones y puntos de vista como algo evidente.

Normalmente suponen de antemano que tienen razón (a menudo, realmente es así). Sin embargo, son capaces de verificar sus puntos de vista a la luz de nuevos datos o de circunstancias cambiantes. Les gustan los retos. Sin embargo, les aburren las acciones repetitivas y rutinarias. Por lo general son muy indagadores. Cuando les interesa alguna idea intentan profundizar en ella y comprenderla bien. También piensan en las posibilidades de emplearla en la práctica. Normalmente, ya en su juventud tienen numerosos intereses y con el paso de los años enriquecen y sistematizan sus conocimientos, creando su mapa del mundo interior específico, que les permite comprender la realidad y los fenómenos que se producen en ella.

Organización

Tienen unas enormes ansias de saber. Ellos mismos se hacen preguntas y buscan respuestas. Perciben fácilmente las relaciones causa-efecto y los principios generales que rigen el mundo y el comportamiento de las personas. Los argumentos racionales suelen convencerlos. En los conceptos, no toleran la incoherencia lógica. En los sistemas tampoco toleran las contradicciones internas, y en las organizaciones no aceptan la superposición de competencias y la ineficiencia. Tienen una extraordinaria afición por el orden y no les gusta el despilfarro ni el caos.

Por lo general son perfeccionistas y son capaces de irlo perfeccionando todo, sin parar. Utilizan el tiempo de forma muy efectiva y son capaces de hacer varias cosas a la vez (por ejemplo, leer un libro y ver la televisión al mismo tiempo). Cuando emprenden alguna tarea, intentan llevarla a cabo de la mejor forma posible. No son capaces de realizar conscientemente tareas por debajo de sus posibilidades. Llevar un asunto hasta el final y terminar el trabajo con éxito les proporciona una gran sensación de satisfacción y libertad (ya que les permite dedicarse a otras tareas).

Ante los demás

Los *directores* son extraordinariamente independientes, asertivos y resistentes a los intentos de manipulación, a la presión del entorno y a la crítica por parte de otras personas. Son capaces de decir «no» y no dejan que nadie se aproveche de ellos. Si están convencidos de algo, para ellos no tiene ninguna importancia lo que piensen los demás al respecto (incluidos las personalidades eminentes y las autoridades que cuenten con un reconocimiento generalizado).

Suelen no mostrar comprensión por las opiniones que son contrarias a las suyas. También perciben con dificultad los sentimientos de los demás. No son conscientes de que a menudo hieren con sus comentarios críticos y excesivamente fuertes.

Descanso

Los *directores* son titanes del trabajo y, por lo general, no son capaces de relajarse. Normalmente, son incapaces de descansar pasivamente. Incluso cuando no están físicamente activos su mente trabaja intensamente. Siguen analizando nuevas posibilidades e ideas, reflexionando sobre cómo llevarlas a cabo. Les gusta aprender cosas nuevas y ampliar sus horizontes, así que en su tiempo libre complementan de buen grado sus conocimientos y consiguen nueva información.

Ante situaciones de estrés

Bajo el efecto de un estrés prolongado, a veces pierden la confianza en sí mismos y se vuelven muy críticos con sus propios logros. Entonces, se sienten abrumados por una avalancha de obligaciones y temen perder el control de la situación. Para descargar la tensión, pueden recurrir a sustancias estimulantes o similares.

Aspecto social de la personalidad

Los *directores* raramente demuestran sus emociones, y a la hora de hacer elogios son más bien parcos. Pueden parecer fríos, cerrados e inaccesibles. Sin embargo, en realidad pueden abrirse ante aquellos en quienes confían.

También suelen ser muy sentimentales y emocionales, aunque no dejan que esto se note. A las personas que les rodean les cuesta darse cuenta del aspecto sentimental de su personalidad (¡e incluso creer en su existencia!).

Los *directores* valoran, sobre todo, la compañía de personas inteligentes y competentes, de las que pueden aprender algo. Respetan a los que son capaces de demostrar la razón de sus afirmaciones, disputar y defender con firmeza sus propias convicciones. Por otra parte, a menudo ignoran a las personas que no asumen ese reto. No comprenden que no todos comparten su afición por las disputas y la confrontación. Les parece, erróneamente, que la incapacidad para expresar abiertamente las propias convicciones y la falta de espíritu luchador para defender el propio punto de vista demuestran que dicha persona carece de sus propias opiniones.

Esperan de los demás un comportamiento racional y sensato. Tampoco pueden entender a las personas que no se guían por la lógica. No les gusta repetirse y no intentan convencer de sus puntos de vista a aquellos que de antemano los rechazan, sin intentar ni siquiera entenderlos. Valoran mucho la libertad, por esa razón evitan las relaciones que limitan su independencia. Ellos mismos proporcionan libertad a los demás y no son dominantes.

Entre amigos

A pesar de lo que puedan pensar muchas personas, a los *directores* les importan mucho las buenas relaciones con otras personas. No obstante, suponen que estas relaciones deberían servir para algún fin concreto (por ejemplo, para solucionar problemas, realizar tareas, ayudar a otros a descubrir su potencial).

Estar entre personas da energía a los *directores*. Entablan amistad preferentemente con aquellos que comparten sus puntos de vista y convicciones o que amplían sus horizontes, proporcionando nueva información y experiencias. También son percibidos por los demás como conversadores interesantes. Las reuniones con ellos a menudo inspiran y motivan a la gente a actuar. Sin embargo, a algunos les intimida su seguridad en sí mismos, su criticismo y su determinación a la hora de expresar sus propios puntos de vista (dicha determinación a menudo es vista como un signo de arrogancia). Normalmente dicen lo que piensan, sin tomar en consideración los sentimientos de otras personas ni las circunstancias. Al hacer preguntas a los demás, también suelen ser directos, lo que desconcierta a muchos de sus interlocutores.

Algunos, abrumados por sus afirmaciones categóricas, no son capaces de exponer en su presencia sus puntos de vista o reflexiones. Por otra parte, los *directores* se sienten a gusto en presencia de otras personalidades fuertes, incluso si no están de acuerdo con ellas. Valoran a las personas que son capaces de articular claramente sus convicciones y no temen la confrontación. Hacen amistad más frecuentemente con *innovadores*, *estrategas*, *administradores* y otros *directores*. Sin embargo, les cuesta entenderse con *artistas*, *presentadores* y *protectores*.

En el matrimonio

Como maridos/esposas los *directores* tratan con seriedad sus obligaciones. En su matrimonio, normalmente adoptan el papel de líderes y guardianes de la familia. Demuestran su entrega no tanto a través de gestos afectuosos y palabras tiernas y cálidas como de acciones concretas: son gente de acción.

Por lo general, son poco sensibles a los sentimientos de sus parejas y no son conscientes de sus necesidades emocionales. Pueden amarlas sinceramente y al mismo tiempo no darse cuenta en absoluto de sus sentimientos, emociones y experiencias. Sin embargo, pueden cambiar esto con un poco de esfuerzo. ¡En las relaciones con personas de carácter romántico este esfuerzo es absolutamente necesario! Ellos mismos, los *directores,* no tienen unas necesidades emocionales demasiado grandes. Les gusta saber que son importantes para sus parejas y que son amados por estas, pero normalmente no esperan de ellas palabras afectuosas, cumplidos ni una confirmación frecuente de su amor y afecto. Un fuerte elemento cohesivo en sus relaciones es su entrega y su sentido de responsabilidad por la familia.

El rasgo característico de sus relaciones matrimoniales es el respeto mutuo y el apoyo al desarrollo. Los *directores* aprecian las relaciones que son para ellos un apoyo y una inspiración, por eso abandonan al cónyuge cuando la relación deja de cumplir sus expectativas. Otra posible amenaza para sus relaciones es la frecuente adicción al trabajo que ellos, *los directores,* suelen tener. Normalmente alcanzan éxitos profesionales y son trabajadores solicitados. Casi siempre están fuera de casa y cuando están con la familia suelen estar absortos en los asuntos del trabajo, lo que normalmente conduce a diversas tensiones. Para las parejas románticas y sentimentales es un gran problema su actitud positiva hacia la confrontación, las disputas y la crítica (como factores que fomentan el autodesarrollo y al aprendizaje).

Los candidatos naturales a maridos/esposas de los *directores* son personas de tipos de personalidad afines: *innovadores, estrategas* o *lógicos.* Sin embargo, la experiencia muestra que las personas pueden crear relaciones exitosas y felices también a pesar de una evidente disconformidad tipológica. Aún más, ciertas diferencias entre los cónyuges pueden aportar dinámica a estas relaciones y ayudar al desarrollo personal. A los *directores* esta perspectiva les parece por lo general más atractiva que la visión de una relación armoniosa, en la que siempre reina el acuerdo y una comprensión completa y mutua.

Como padres

Como padres los *directores* tratan con seriedad su función. Ayudan a sus hijos a comprender el mundo, les enseñan a pensar por sí mismos y de forma independiente y se preocupan mucho por su desarrollo y su educación. Sin embargo, son muy exigentes con ellos. Esperan también respeto, obediencia y el cumplimento de las reglas establecidas por ellos. En casos extremos adoptan una postura categórica o se convierten en dictadores domésticos. Normalmente no escatiman críticas con sus hijos, mientras que son sobrios en elogios. A menudo, no se dan cuenta de sus necesidades emocionales.

Normalmente se impacientan ante sus errores e infracciones reiteradas. A veces, no perciben que sus expectativas superan las posibilidades de sus hijos y que sus notas mediocres no se deben únicamente a la pereza y a su ligereza. Sus hijos normalmente intentan cumplir con las expectativas de los padres y evitar las infracciones para no exponerse a sus regaños. El período de la adolescencia suele ser un momento crítico: los jóvenes dejan entonces de aceptar los principios de los *directores* y normalmente empiezan a protestar contra su disciplina y sus normas. A ellos mismos les cuesta aceptar la cada vez mayor independencia de los hijos.

Los *directores* que consiguen evitar los errores arriba indicados son unos padres perfectos para sus hijos y son una gran autoridad para ellos. Ayudan también en su desarrollo y les animan a conocer el mundo, a adquirir conocimientos, a asumir los retos, gracias a lo cual sus hijos llegan a ser personas responsables, creativas e independientes, que no temen los retos complicados.

Trabajo y carrera profesional

La carrera profesional es un elemento importante en la vida de los *directores*. Normalmente se entregan mucho a su trabajo y a menudo ascienden hasta los puestos más altos.

Los *directores* perciben rápidamente los nuevos retos y problemas (también potenciales) y les hacen frente de buen grado. Piensan globalmente y a largo plazo. Son visionarios: marcan objetivos que luego realizan con ahínco. Al buscar soluciones normalmente adoptan una perspectiva a largo plazo: con sus pensamientos van más allá de la situación actual y son capaces de prever los factores que pueden aparecer en el futuro. Todo esto, junto con su seriedad, responsabilidad y capacidad para trabajar duro, hace que sean unos trabajadores deseables. Son capaces de poner toda su energía en la realización de las tareas en las que creen. Sin embargo, no pueden implicarse en el trabajo en proyectos que les parecen irreales, confusos o incoherentes.

Superiores

Valoran a los superiores competentes y objetivos, que cuentan con logros concretos y garantizan a sus subordinados la libertad necesaria en la realización de las tareas asignadas.

En equipo

Al trabajar en equipo, normalmente toman la iniciativa y asumen la responsabilidad de mejor grado que los demás. Por esa razón, son percibidos como líderes naturales. Arrastran tras de sí a los demás con facilidad. Son capaces de motivarlos y prepararlos para alcanzar los objetivos marcados. Contagian a las personas su optimismo y su confianza en el éxito. Son capaces de sacar lo mejor de los demás y les ayudan a aprovechar todo su potencial (su ayuda no consiste, sin embargo, en dar a las personas soluciones ya hechas o hacer las cosas por ellos).

Son unos excelentes mentores y entrenadores. Ayudan a los demás a ver los objetivos a largo plazo y traducirlos en planes de actuación a corto plazo. Como superiores hacen ver a sus subordinados los cambios que se producen en el entorno y les muestran los desafíos del futuro. Normalmente, permiten a las personas que se valgan por sí mismas cuando les encargan tareas difíciles. Como jefes procuran alcanzar una alta eficacia de las empresas o departamentos de los que son responsables.

Tareas

Una vez han iniciado ya algún proyecto, y han establecido la forma de realizarlo y han seleccionado buenos ejecutores, suelen retirase para dedicarse a otras tareas. Se les da bien resolver problemas complejos, de los que otros querrían huir lo más lejos posible. Son también buenos estrategas y son capaces de determinar con acierto las prioridades.

Empresa

Se sienten bien en corporaciones y empresas que garantizan posibilidades de ascenso, que emplean reglas o normas claras y remuneran a sus trabajadores por logros concretos. Sin embargo, no se encuentran a gusto en empresas en las que el cumplimiento de las reglas marcadas o de los procedimientos detallados es más importante que las ideas creativas y los resultados del trabajo.

Estilo de trabajo

Son unos mánager ideales en campos que requieren capacidades de organización y un planeamiento estratégico (por ejemplo, la creación de nuevos sistemas, la implantación de nuevas soluciones, la organización de equipos, la gestión de una compañía en fase de transformación). Son capaces de coordinar al mismo tiempo muchas empresas y proyectos diferentes.

A menudo, llegan hasta los escalafones más altos en la jerarquía de la empresa (a menudo son directores, de ahí la denominación de este tipo de personalidad). Les gusta trabajar con personas en las que se puede confiar, que cumplen las tareas que les son encomendadas y comparten su entusiasmo y su pasión por el trabajo. No toleran, sin embargo, la pasividad, el marasmo y la falta de compromiso. Son impacientes con aquellos que no son capaces de seguir su ritmo, se retrasan en la realización de las tareas y cometen continuamente los mismos errores. Son capaces de valorar su trabajo de forma muy directa (en ocasiones ruda), sin tener en cuenta que pueden ofenderlos o herirlos. También despiden rápidamente a los trabajadores que no cumplen con sus expectativas. Raramente se preocupan por los sentimientos de las personas. Les importa más tomar las decisiones adecuadas que la aceptación del entorno. Les irrita el desorden, el despilfarro, la burocracia excesiva y los procedimientos demasiado complejos.

Los *directores* ven los problemas de forma objetiva, privada de sentimientos y emociones. No se apegan a soluciones concretas y están dispuestos a abandonarlas cuando dejan de ser útiles. Para ellos, no tiene mayor importancia quién las introdujo o cuánto tiempo han sido empleadas. Son capaces de eliminar — fríamente — cualquier solución poco práctica o inefectiva. Pueden eliminar de un solo golpe los métodos tradicionales de trabajo o costumbres. Cuando están convencidos de sus ideas pueden intentar realizarlas a «cualquier precio», es decir, violando procedimientos y sin preocuparse del coste humano.

Profesiones

El conocimiento del perfil de personalidad propio y de las preferencias naturales es una ayuda inestimable a la hora de elegir la carrera profesional óptima. La experiencia muestra que los *directores* pueden trabajar con éxito y sentirse realizados en diferentes campos, aunque su tipo de personalidad los predispone de forma natural para profesiones tales como:

- administrador,
- analista de créditos,
- analista de sistemas informáticos,
- CEO,
- científico,
- coach,
- coordinador de proyecto,
- director artístico,
- director de desarrollo,
- director de marketing,
- director ejecutivo,
- empleado de la administración estatal,
- empresario,
- escritor,
- especialista en recursos humanos,
- informático,
- inversor,
- juez,
- jurista,
- mánager,
- músico,
- periodista,
- planificador,
- político,
- psicólogo,
- reportero.

Potenciales puntos fuertes y débiles

Los *directores*, al igual que otros tipos de personalidad, tienen potenciales puntos fuertes y débiles. Este potencial puede ser gestionado de diferentes formas. La felicidad personal y la realización profesional de los *directores* dependen de si aprovechan las oportunidades relacionadas con su tipo de personalidad y de si hacen frente a las amenazas que les acechan. He aquí un RESUMEN de estas oportunidades y amenazas:

Puntos fuertes potenciales

Los *directores* tienen un sano sentido de su propio valor y unas capacidades de liderazgo naturales. Son capaces de contagiar a los demás su optimismo y su confianza en el éxito. Están llenos de energía y entusiasmo por el trabajo. Pueden implicarse totalmente en la realización de las tareas de las que están convencidos. Su concepción de lo que hay que hacer les proporciona energía, por eso pueden trabajar duramente para llevarlo a cabo. Una actitud positiva hacia las tareas y los problemas es lo que más los caracteriza: son conscientes de las dificultades posibles que pueden aparecer, pero creen que pueden superar los desafíos. Tratan responsablemente sus obligaciones; cuando emprenden un nuevo trabajo, se puede estar seguro de que lo realizarán. Les interesan las nuevas ideas y propuestas, están abiertos a nuevas soluciones: son capaces de asimilarlas y utilizarlas para la realización de sus propias tareas.

Son independientes, activos y creativos. Son capaces de transformar las teorías y los conceptos generales en planes de actuación concretos. Tratan con seriedad el trabajo realizado y esperan lo mismo de los demás. Se concentran en lo esencial del asunto tratado, y no se distraen con aspectos secundarios. Son capaces de realizar un análisis frío y objetivo de los hechos y datos, libre de emociones y prejuicios. Pueden gestionar eficazmente el dinero y otros recursos. Están bien organizados y son muy trabajadores, directos y francos, gracias a lo cual los demás no tienen que adivinar cuál es su opinión sobre un determinado tema. Dicen lo que piensan. Son buenos oradores: hablar en público o las discusiones no son para ellos ningún problema.

Por lo general, les interesa el desarrollo, la adquisición de conocimientos y el autoperfeccionamiento en diferentes campos de la vida. Gracias a su personalidad fuerte y asertiva se saben mover en situaciones difíciles o de conflicto y encontrar una solución. Son capaces de terminar una amistad si se vuelve incómoda o destructiva. Están abiertos a la crítica constructiva. Les gusta el orden. Son unos perfectos organizadores y coordinadores del trabajo de otras personas. También son capaces de crear sistemas efectivos y que funcionan debidamente. Son también unos buenos estrategas y determinan con acierto las prioridades.

Puntos débiles potenciales

Los *directores* buscan la confrontación. Su afición por las polémicas y disputas agrias hace que sean percibidos como unos interlocutores difíciles y críticos. Su fuerte personalidad a menudo intimida a otras personas, e incluso les causa miedo. Al discutir con otros intentan demostrar plenamente sus razones y «aplastar» al adversario. Raramente son capaces de dar la razón (aunque sea parcialmente) a la otra parte. Les cuesta entender las necesidades de los demás, especialmente si son diferentes a las suyas propias. Por lo general, son insensibles a los sentimientos y reacciones de los demás. También tienen dificultades para expresar sus sentimientos y se sienten incómodos en situaciones que requieren interpretar las emociones ajenas. A menudo también les cuesta escuchar a los demás. Tienen tendencia a criticar cualquier opinión que no sea conforme con sus puntos de vista.

Como se exigen mucho a sí mismos, fijan también unos estándares muy altos para los demás. Sin embargo, para muchas personas esto representa un listón demasiado alto. Al llamar la atención a los demás acerca del despilfarro, la negligencia u otras infracciones suelen ser muy severos, e incluso rudos. Son además muy parcos en elogios cuando las cosas van bien. No valoran la importancia de animar positivamente a los demás mediante incentivos, elogios y premios. Toman la iniciativa de forma natural y comparten de mala gana la responsabilidad con otros. A menudo, toman decisiones precipitadas y prematuras. Aspiran a dominar sobre los demás, y en casos extremos llegan a ser dogmáticos y categóricos (a veces humillan a otras personas). En situaciones de estrés pueden montar en cólera y mostrar otros comportamientos agresivos. También pueden reaccionar ante situaciones de estrés comiendo demasiado o abusando del alcohol.

El dogmatismo, una actitud extremadamente racionalista ante la vida y la incapacidad para percibir las necesidades de las demás personas son características que a menudo causan problemas a los *directores*, lo cual los puede llevar a algún tipo de aislamiento social: son valorados en el trabajo, pero les faltan amigos. Al no comprender los motivos de esta situación, a veces empiezan a sospechar que los demás conjuran o tienen malas intenciones. Las personas que no pueden (o no quieren) ajustarse a sus ideas y planes también suelen ser una fuente de su frustración.

Desarrollo personal

El desarrollo personal de los *directores* depende del grado en que utilizan su potencial natural y se sobreponen a las amenazas relacionadas con su tipo de personalidad. Los siguientes consejos prácticos constituyen un decálogo característico del *director.*

Reconoce que puedes equivocarte

Los asuntos pueden ser más complejos de lo que te parecen. Recuerda que no siempre debes tener la razón. Ten esto en cuenta, antes de que empieces a acusar a otras personas o les reproches sus errores.

Critica menos

No todo el mundo es capaz de aceptar una crítica constructiva. En el caso de muchas personas, la crítica abierta actúa de forma destructiva. Los estudios demuestran que el elogio de los comportamientos positivos (aunque sean pocos) motiva más a las personas que la crítica de los comportamientos negativos.

Elogia

Aprovecha cualquier ocasión para valorar positivamente a los demás, para decirles algo agradable y elogiarlos por algo que han hecho. En el trabajo evalúa a los demás no solo por las tareas realizadas, sino también por quiénes son. ¡Notarás la diferencia y te sorprenderá!

No intentes dominarlo todo

Tu deseo de ejercer el control sobre todos los asuntos solo te llevará a la frustración. Vela por las cosas más importantes y deja a los demás (o a su propio curso) los asuntos de menor importancia.

Escucha a los demás

Muestra interés a los demás, incluso si no estás de acuerdo con ellos o estás convencido de que no tienen razón. No respondas hasta que no las hayas escuchado. La capacidad de escuchar a los demás puede revolucionar tus relaciones con las personas.

No culpes a los demás de tus problemas

¡Los problemas pueden ser provocados no solo por los demás, sino también por ti mismo! Tú también cometes faltas y errores. Tú también puedes ser la causa de un problema.

Trata a los demás «con humanidad»

Las personas no quieren ser tratadas solo como ejecutores de tareas. Desean que se perciban sus emociones, sentimientos y pasiones. Al tratar con los demás, intenta ponerte en su situación y comprender lo que experimentan, qué les apasiona, qué les inquieta, de qué tienen miedo.

Controla las emociones

Si sientes que puedes explotar, procura relajarte, rebajar la tensión, pensar durante un momento en otra cosa. Las explosiones de ira no te ayudan ni a ti, ni a las personas que te rodean.

Sé más tolerante

Trata de ser más paciente con los demás. Recuerda que no puede encargarse la misma tarea a todo el mundo, ya que no todos están capacitados para las mismas áreas. Si a algunos no se les da bien el trabajo encargado, no siempre es un síntoma de su mala voluntad o pereza.

Aprende a descansar

Los momentos de descanso no son un tiempo perdido. No deberías sentirte culpable al dejar de lado el trabajo y descansar o hacer algo por puro placer. Gracias al descanso, al relajarte regenerarás tus fuerzas y serás más efectivo en el trabajo.

Personas conocidas

La lista de personas conocidas que se corresponden con el perfil de *director* incluye, entre otros, los siguientes nombres:

- **Jack London**, realmente John Griffith Chaney (1876 - 1916), escritor estadounidense (entre otras obras, *Martin Eden*), naturalista y romántico;
- **Franklin Delano Roosevelt** (1882 - 1945), trigésimo segundo presidente de los Estados Unidos;
- **Edward Teller** (1908 - 2003), físico húngaro de origen judío, miembro de Manhattan Engineer District, el

programa estadounidense para la construcción de la bomba atómica;

- **Benny Goodman** (1909 - 1986), músico de jazz estadounidense, clarinetista, el «rey del swing»;
- **Richard M. Nixon** (1913 - 1994), trigésimo séptimo presidente de los Estados Unidos;
- **Margaret Thatcher** (1925 - 2013), política, primera ministra de Gran Bretaña en los años 1979 - 1990, la *Dama de Hierro*;
- **Patrick Stewart** (n. 1940), actor británico de teatro y cine (entre otras películas, *Star Trek)*;
- **Harrison Ford** (n. 1942), actor de cine estadounidense (entre otras películas, *Indiana Jones*);
- **Hillary Clinton** (n. 1947), activista política estadounidense, esposa de Bill Clinton, expresidente de los Estados Unidos;
- **Al Gore** (n. 1948), cuadragésimo quinto vicepresidente de los Estados Unidos;
- **Bill Gates** (n. 1955), empresario y filántropo estadounidense, cofundador de la empresa Microsoft, una de las personas más ricas del mundo;
- **Whoopi Goldberg** (n. 1955), actriz de cine estadounidense (entre otras películas, *Ghost, más allá del amor*);

- **Steve Jobs** (1955 - 2011), empresario estadounidense, cofundador de la empresa Apple;
- **Quentin Tarantino** (n. 1963), director, guionista y productor de cine estadounidense (entre otras películas, *Kill Bill*).

16 tipos de personalidad de forma breve

Administrador (ESTJ)

Lema vital: *¡Hagamos esa tarea!*

Trabajador, responsable y extraordinariamente leal. Enérgico y decidido. Valora el orden, la estabilidad, la seguridad y las reglas claras. Objetivo y concreto. Lógico, racional y práctico. Es capaz de asimilar una gran cantidad de información detallada.

Organizador perfecto. No tolera la ineficiencia, el despilfarro ni la pereza. Fiel a sus convicciones y directo en los contactos. Presenta sus puntos de vista de forma decidida y expresa abiertamente opiniones críticas, por lo que en ocasiones hiere inconscientemente a otras personas.

Tendencias naturales del *administrador*:

- Fuente de energía vital: mundo exterior.
- Asimilación de información: sentidos.
- Toma de decisiones: razón.
- Estilo de vida: organizado.

Tipos de personalidad similares:

- *Animador*
- *Inspector*
- *Pragmático*

Datos estadísticos:

- Los *administradores* constituyen el 10-13% de la sociedad.
- Entre los *administradores* predominan los hombres (60%).
- Un país que se corresponde con el perfil del *administrador* son los Estados Unidos[2].

Código literal:

El código literal universal del *administrador* en las tipologías de personalidad de Jung es ESTJ.

---

[2] Esto no quiere decir que todos los habitantes de los EE. UU. pertenezcan a este tipo de personalidad, sino que la sociedad estadounidense, en su conjunto, tiene muchas características del *administrador*.

Más:

Jarosław Jankowski
Tu tipo de personalidad: Administrador (ESTJ)

Animador (ESTP)

Lema vital: *¡Hagamos algo!*

Enérgico, activo y emprendedor. Le gusta la compañía de otros y sabe pasárselo bien y disfrutar del momento presente. Es espontáneo, flexible y suele estar abierto a los cambios.

Es entusiasta inspirador e iniciador, suele motivar a los demás a actuar. Lógico, racional y extraordinariamente pragmático. Realista. Le aburren las ideas abstractas y las reflexiones sobre el futuro. Procura solucionar los problemas concretos e inmediatos que se le presentan, pero a menudo también tiene dificultades con la organización y la planificación. Suele ser impulsivo. Suele ocurrir que primero actúa y luego piensa.

Tendencias naturales del *animador*:

- Fuente de energía vital: mundo exterior.
- Asimilación de información: sentidos.
- Toma de decisiones: razón.
- Estilo de vida: espontáneo.

Tipos de personalidad similares:

- *Administrador*
- *Pragmático*
- *Inspector*

Datos estadísticos:

- Los *animadores* constituyen el 6-10% de la sociedad.
- Entre los *animadores* predominan los hombres (60%).
- El país que se corresponde con el perfil de *animador* es Australia.

Código literal:

El código literal universal del *animador* en las tipologías de personalidad de Jung es ESTP.

Más:

Jarosław Jankowski
Tu tipo de personalidad: Animador (ESTP)

Artista (ISFP)

Lema vital: *¡Creemos algo!*

Sensible, creativo y original. Tiene un gran sentido de la estética y capacidades artísticas naturales. Independiente, se guía por su propia escala de valores y no cede ante la presión. Optimista y con una actitud positiva hacia la vida; es capaz de disfrutar del momento.

Disfruta ayudando a los demás. Le aburren las teorías abstractas; prefiere crear la realidad que hablar de ella. Sin embargo, le resulta más fácil empezar cosas nuevas que acabar las empezadas antes. Suele tener dificultades para expresar sus propios deseos y necesidades.

Tendencias naturales del *artista*:

- Fuente de energía vital: mundo interior.
- Asimilación de información: sentidos.
- Toma de decisiones: corazón.
- Estilo de vida: espontáneo.

Tipos de personalidad similares:

- *Protector*
- *Presentador*
- *Defensor*

Datos estadísticos:

- Los *artistas* constituyen el 6-9% de la población.
- Entre los *artistas* predominan las mujeres (60%).
- El país que se corresponde con el perfil de *artista* es China.

Código literal:

El código literal universal del *artista* en las tipologías de personalidad de Jung es ISFP.

Más:

Jarosław Jankowski
Tu tipo de personalidad: Artista (ISFP)

Consejero (ENFJ)

Lema vital: *Mis amigos son mi mundo.*

Optimista, entusiasta y gracioso. Amable, sabe actuar con tacto. Tiene el extraordinario don de la empatía y disfruta actuando de forma desinteresada a favor de los demás. Es capaz de influir en sus vidas: inspira, descubre en ellos el potencial oculto que tienen y suscita confianza en sus propias fuerzas. Irradia ternura y atrae a las demás personas. A menudo las ayuda a resolver sus problemas personales.

Suele ser crédulo, aunque un poco ingenuo, y tiene tendencia a ver el mundo de color de rosa. Concentrado en los demás, a menudo se olvida de sus propias necesidades.

Tendencias naturales del *consejero*:

- Fuente de energía vital: mundo exterior.
- Asimilación de información: intuición.
- Toma de decisiones: corazón.
- Estilo de vida: organizado.

Tipos de personalidad similares:

- *Entusiasta*
- *Mentor*
- *Idealista*

Datos estadísticos:

- Los *consejeros* constituyen el 3-5% de la población.
- Entre los *consejeros* predominan claramente las mujeres (80%).
- El país que se corresponde con el perfil de *consejero* es Francia.

Código literal:

El código literal universal del *consejero* en las tipologías de personalidad de Jung es ENFJ.

Más:

Jarosław Jankowski
Tu tipo de personalidad: Consejero (ENFJ)

Defensor (ESFJ)

Lema vital: *¿Cómo puedo ayudarte?*

Entusiasta, enérgico y bien organizado. Práctico, responsable, concienzudo. Cordial y extraordinariamente sociable.

Percibe los sentimientos humanos, las emociones y necesidades. Valora la armonía. Soporta mal la crítica y los conflictos. Es sensible a todas las manifestaciones de injusticia y protesta cuando ve que lastiman a otras personas. Se interesa sinceramente por los problemas de los demás y siente una verdadera alegría al ayudarlos. Al velar por sus necesidades a menudo desatiende las suyas propias. Tiene tendencia a hacer por los demás cosas que ellos mismos deberían hacer. Suele ser susceptible a la manipulación.

Tendencias naturales del *defensor*:

- Fuente de energía vital: mundo exterior.
- Asimilación de información: sentidos.
- Toma de decisiones: corazón.
- Estilo de vida: organizado.

Tipos de personalidad similares:

- Presentador
- Protector
- Artista

Datos estadísticos:

- Los *defensores* constituyen el 10-13% de la población.
- Entre los *defensores* predominan claramente las mujeres (70%).
- El país que se corresponde con el perfil de *defensor* es Canadá.

Código literal:

El código literal universal del *defensor* en las tipologías de personalidad de Jung es ESFJ.

Más:

Jarosław Jankowski
Tu tipo de personalidad: Defensor (ESFJ)

Director (ENTJ)

Lema vital: *Os diré lo que hay que hacer.*

Independiente, activo y decidido. Racional, lógico y creativo. Percibe un contexto más amplio de los problemas analizados y es capaz de prever las futuras consecuencias de las acciones humanas. Se caracteriza por el optimismo y un sensato sentido de su propio valor. Es capaz de transformar conceptos teóricos en planes de actuación concretos y prácticos.

Visionario, mentor y organizador. Tiene unas capacidades de liderazgo innatas. Su fuerte personalidad, su criticismo y su estilo directo a menudo intimidan a los demás y provocan problemas en sus relaciones interpersonales.

Tendencias naturales del *director*:

- Fuente de energía vital: mundo exterior.
- Asimilación de información: intuición.
- Toma de decisiones: razón.
- Estilo de vida: organizado.

Tipos de personalidad similares:

- *Innovador*
- *Estratega*
- *Lógico*

Datos estadísticos:

- Los *directores* constituyen el 2-5% de la población.

- Entre los *directores* predominan claramente los hombres (70%).
- El país que se corresponde con el perfil de *director* es Holanda.

Código literal:

El código literal universal del *director* en las tipologías de personalidad de Jung es ENTJ.

Más:

Jarosław Jankowski
Tu tipo de personalidad: Director (ENTJ)

Entusiasta (ENFP)

Lema vital: *¡Podemos hacerlo!*

Enérgico, entusiasta y optimista. Es capaz de disfrutar de la vida y piensa a largo plazo. Dinámico, ingenioso y creativo. Le gustan las personas y aprecia las relaciones sinceras y auténticas. Cálido, cordial y emocional. Soporta mal la crítica. Tiene el don de la empatía y percibe las necesidades, los sentimientos y los motivos de los demás. Los inspira y los contagia con su entusiasmo.

Le gusta estar en el centro de los acontecimientos. Es flexible y capaz de improvisar. Es propenso a tener ocurrencias idealistas. Se distrae con facilidad y tiene problemas para llevar los asuntos hasta el final.

Tendencias naturales del *entusiasta*:

- Fuente de energía vital: mundo exterior.
- Asimilación de información: intuición.
- Toma de decisiones: corazón.
- Estilo de vida: espontáneo.

Tipos de personalidad similares:

- *Consejero*
- *Idealista*
- *Mentor*

Datos estadísticos:

- Los *entusiastas* constituyen el 5-8% de la población.
- Entre los *entusiastas* predominan las mujeres (60%).
- El país que se corresponde con el perfil de *entusiasta* es Italia.

Código literal:

El código literal universal del *entusiasta* en las tipologías de personalidad de Jung es ENFP.

Más:

Jarosław Jankowski
Tu tipo de personalidad: Entusiasta (ENFP)

Estratega (INTJ)

Lema vital: *Esto puede perfeccionarse.*

Independiente, marcado individualismo, con una enorme cantidad de energía interna. Creativo e ingenioso. Visto por los demás como competente y seguro de sí mismo y, a la vez, como distante y enigmático. Mira cada asunto desde una perspectiva amplia. Desea perfeccionar y ordenar el mundo que le rodea.

Bien organizado, responsable, crítico y exigente. Es difícil sacarlo de sus casillas, pero también es difícil satisfacerlo totalmente. Por lo general, tiene problemas para interpretar los sentimientos y emociones de otras personas.

Tendencias naturales del *estratega*:

- Fuente de energía vital: mundo interior.
- Asimilación de información: intuición.
- Toma de decisiones: razón.
- Estilo de vida: organizado.

Tipos de personalidad similares:

- *Lógico*
- *Director*
- *Innovador*

Datos estadísticos:

- Los *estrategas* constituyen el 1-2% de la población.

- Entre los *estrategas* predominan claramente los hombres (80%).
- El país que se corresponde con el perfil de *estratega* es Finlandia.

Código literal:

El código literal universal del *estratega* en las tipologías de personalidad de Jung es INTJ.

Más:

Jarosław Jankowski
Tu tipo de personalidad: Estratega (INTJ)

Idealista (INFP)

Lema vital: *Se puede vivir de otra manera.*

Sensible, leal, creativo. Desea vivir según los valores que profesa. Muestra interés por la realidad espiritual y ahonda en los secretos de la vida. Suele conmoverse por los problemas del mundo y está abierto a las necesidades de otras personas. Valora la armonía y el equilibrio.

Romántico: es capaz de demostrar amor, pero él mismo también necesita cariño y afecto. Interpreta perfectamente los motivos y sentimientos de otras personas. Crea relaciones sanas, profundas y duraderas. En situaciones de conflicto lo pasa mal, no sabe qué hacer. No resiste el estrés y la crítica.

Tendencias naturales del *idealista*:

- Fuente de energía vital: mundo interior.
- Asimilación de información: intuición.
- Toma de decisiones: corazón.
- Estilo de vida: espontáneo.

Tipos de personalidad similares:

- *Mentor*
- *Entusiasta*
- *Consejero*

Datos estadísticos:

- Los *idealistas* constituyen el 1-4% de la población.
- Entre los *idealistas* predominan las mujeres (60%).
- El país que se corresponde con el perfil de *idealista* es Tailandia.

Código literal:

El código literal universal del *idealista* en las tipologías de personalidad de Jung es INFP.

Más:

Jarosław Jankowski
Tu tipo de personalidad: Idealista (INFP)

Innovador (ENTP)

Lema vital: *Y si probamos a hacerlo de otra forma...*

Ingenioso, original e independiente. Optimista. Enérgico y emprendedor. Persona de acción: le gusta estar en el centro de los acontecimientos y resolver «problemas irresolubles». Tiene curiosidad por el mundo, y es propenso al riesgo y suele ser impaciente. Visionario, abierto a nuevas ideas y ocurrencias. Le gustan las nuevas experiencias y los experimentos. Percibe las relaciones entre acontecimientos concretos y piensa a largo plazo.

Espontáneo, comunicativo y seguro de sí mismo. Propenso a sobrevalorar sus propias posibilidades. Tiene problemas para llevar los asuntos hasta el final.

Tendencias naturales del *innovador*:

- Fuente de energía vital: mundo exterior.
- Asimilación de información: intuición.
- Toma de decisiones: razón.
- Estilo de vida: espontáneo.

Tipos de personalidad similares:

- *Director*
- *Lógico*
- *Estratega*

Datos estadísticos:

- Los *innovadores* constituyen el 3-5% de la población.
- Entre los *innovadores* predominan claramente los hombres (70%).
- El país que se corresponde con el perfil de *innovador* es Israel.

Código literal:

El código literal universal del *innovador* en las tipologías de personalidad de Jung es ENTP.

Más:

Jarosław Jankowski
Tu tipo de personalidad: Innovador (ENTP)

Inspector (ISTJ)

Lema vital: *Primero las obligaciones.*

Una persona con la que siempre se puede contar. Educado, puntual, cumplidor, concienzudo, responsable: «persona de confianza». Analítico, metódico, sistemático y lógico. Los otros lo ven como reservado, frío y serio. Aprecia la tranquilidad, la estabilidad y el orden. No le gustan los cambios. En cambio, le gustan los principios claros y las reglas concretas.

Trabajador y perseverante, es capaz de llevar los asuntos hasta el final. Perfeccionista. Quiere controlarlo todo. Parco en elogios. No aprecia el valor de los sentimientos y las emociones de otras personas.

Tendencias naturales del *inspector.*

- Fuente de energía vital: mundo interior.
- Asimilación de información: sentidos.
- Toma de decisiones: razón.
- Estilo de vida: organizado.

Tipos de personalidad similares:

- *Pragmático*
- *Administrador*
- *Animador*

Datos estadísticos:

- Los *inspectores* constituyen el 6-10% de la población.
- Entre los *inspectores* predominan los hombres (60%).
- El país que se corresponde con el perfil de *inspector* es Suiza.

Código literal:

El código literal universal del *inspector* en las tipologías de personalidad de Jung es ISTJ.

Más:

Jarosław Jankowski
Tu tipo de personalidad: Inspector (ISTJ)

Lógico (INTP)

Lema vital: *Lo más importante es conocer la verdad acerca del mundo.*

Original, ingenioso y creativo. Le gusta resolver problemas de índole teórica. Analítico, brillante y con una actitud entusiasta hacia las nuevas ideas. Es capaz de relacionar fenómenos concretos y deducir de ellos principios generales y teorías. Lógico, preciso e indagador. Percibe rápidamente los síntomas de incoherencia e inconsecuencia.

Independiente y escéptico ante las soluciones y autoridades establecidas. Tolerante y abierto a los nuevos retos. Se suele quedar absorto en sus reflexiones, a veces pierde el contacto con el mundo exterior.

Tendencias naturales del *lógico*:

- Fuente de energía vital: mundo interior.
- Asimilación de información: intuición.
- Toma de decisiones: razón.
- Estilo de vida: espontáneo.

Tipos de personalidad similares:

- *Estratega*
- *Innovador*
- *Director*

Datos estadísticos:

- Los *lógicos* constituyen el 2-3% de la población.
- Entre los *lógicos* predominan claramente los hombres (80%).
- El país que se corresponde con el perfil de *lógico* es la India.

Código literal:

El código literal universal del *lógico* en las tipologías de personalidad de Jung es INTP.

Más:

Jarosław Jankowski
Tu tipo de personalidad: Lógico (INTP)

Mentor (INFJ)

Lema vital: *¡El mundo puede ser mejor!*

Creativo, sensible, adelantado a su tiempo, capaz de ver las posibilidades que los demás no ven. Idealista y visionario orientado a la ayuda a las personas. Concienzudo, responsable y al mismo tiempo amable, solícito y amistoso. Se esfuerza por entender los mecanismos que rigen el mundo y trata de ver los problemas desde una perspectiva más amplia.

Excelente oyente y observador. Se caracteriza por una extraordinaria empatía, por su intuición y la confianza en las personas. Es capaz de interpretar los sentimientos y las emociones.

Soporta mal la crítica y las situaciones de conflicto. Puede parecer enigmático.

Tendencias naturales del *mentor.*

- Fuente de energía vital: mundo interior.
- Asimilación de información: intuición.
- Toma de decisiones: corazón.
- Estilo de vida: organizado.

Tipos de personalidad similares:

- *Idealista*
- *Consejero*
- *Entusiasta*

Datos estadísticos:

- Los *mentores* constituyen aproximadamente el 1% de la población y son el tipo de personalidad menos frecuente.
- Entre los *mentores* predominan claramente las mujeres (80%).
- El país que se corresponde con el perfil de *mentor* es Noruega.

Código literal:

El código literal universal del *mentor* en las tipologías de personalidad de Jung es INFJ.

Más:

Jarosław Jankowski
Tu tipo de personalidad: Mentor (INFJ)

Pragmático (ISTP)

Lema vital: *Los actos son más importantes que las palabras.*

Optimista, espontáneo y con una actitud positiva hacia la vida. Comedido e independiente. Fiel a sus propias convicciones y escéptico ante las normas y principios externos. Le aburren las teorías y las reflexiones sobre el futuro.

Prefiere actuar y solucionar problemas concretos y tangibles.

Se adapta bien a los nuevos lugares y situaciones. Le gustan los nuevos retos y el riesgo. Es capaz de mantener la sangre fría ante las amenazas y los peligros. Su taciturnidad y su extrema sobriedad a la hora de expresar opiniones hace que suela ser indescifrable para los demás.

Tendencias naturales del *pragmático*:

- Fuente de energía vital: mundo interior.
- Asimilación de información: sentidos.
- Toma de decisiones: razón.
- Estilo de vida: espontáneo.

Tipos de personalidad similares:

- *Inspector*
- *Animador*
- *Administrador*

Datos estadísticos:

- Los *pragmáticos* constituyen el 6-9% de la población.
- Entre los *pragmáticos* predominan los hombres (60%).
- El país que se corresponde con el perfil de *pragmático* es Singapur.

Código literal:

El código literal universal del *pragmático* en las tipologías de personalidad de Jung es ISTP.

Más:

Jarosław Jankowski
Tu tipo de personalidad: Pragmático (ISTP)

Presentador (ESFP)

Lema vital: *¡Hoy es el momento perfecto!*

Optimista, enérgico y abierto a las personas. Es capaz de disfrutar de la vida y pasarlo bien. Práctico y al mismo tiempo flexible y espontáneo. Le gustan los cambios y las nuevas experiencias. Soporta mal la soledad, el estancamiento y la rutina. Se siente bien estando en el centro de atención.

Tiene unas capacidades interpretativas naturales y es capaz de hablar de una forma que despierta el interés y el entusiasmo de los oyentes. Al concentrarse en el día de hoy, a veces pierde de vista los objetivos a largo plazo. Suele tener problemas a la hora de prever las consecuencias de sus actos.

Tendencias naturales del *presentador*:

- Fuente de energía vital: mundo exterior.
- Asimilación de información: sentidos.
- Toma de decisiones: corazón.
- Estilo de vida: espontáneo.

Tipos de personalidad similares:

- *Defensor*
- *Artista*
- *Protector*

Datos estadísticos:

- Los *presentadores* constituyen el 8 -13% de la población.
- Entre los *presentadores* predominan las mujeres (60%).
- El país que se corresponde con el perfil de *presentador* es Brasil.

Código literal:

El código literal universal del *presentador* en las tipologías de personalidad de Jung es ESFP.

Más:

Jarosław Jankowski
Tu tipo de personalidad: Presentador (ESFP)

Protector (ISFJ)

Lema vital: *Me importa tu felicidad.*

Sincero, tierno, modesto, digno de confianza y extraordinariamente leal. Pone en primer lugar a los demás: percibe sus necesidades y desea ayudarles. Práctico, bien organizado y responsable. Paciente, trabajador y perseverante: es capaz de llevar los asuntos hasta el final.

Observa y recuerda los detalles. Valora mucho la tranquilidad, la estabilidad y las relaciones amistosas con los demás. Es capaz de tender puentes entre las personas. Soporta mal los conflictos y la crítica. Tiene un fuerte sentido de la responsabilidad y siempre está dispuesto a ayudar. Los demás suelen aprovecharse de él.

Tendencias naturales del *protector*:

- Fuente de energía vital: mundo interior.
- Asimilación de información: sentidos.
- Toma de decisiones: corazón.
- Estilo de vida: organizado.

Tipos de personalidad similares:

- *Artista*
- *Defensor*
- *Presentador*

Datos estadísticos:

- Los *protectores* constituyen el 8-12% de la población.

- Entre los *protectores* predominan claramente las mujeres (70%).
- El país que se corresponde con el perfil de *protector* es Suecia.

Código literal:

El código literal universal del *protector* en las tipologías de personalidad de Jung es ISFJ.

Más:

Jarosław Jankowski
Tu tipo de personalidad: Protector (ISFJ)

Apéndice

Las cuatro tendencias naturales

1. Fuente de energía vital dominante

   o MUNDO EXTERIOR
     Personas que obtienen energía del
     exterior, que necesitan actividad y
     contacto con los demás. Soportan
     mal la soledad prolongada.

   o MUNDO INTERIOR
     Personas que obtienen energía del
     mundo interior, que necesitan
     silencio y soledad. Se sienten
     agotados cuando están mucho
     tiempo en medio de un grupo.

2. Forma dominante de asimilación de la información

   o SENTIDOS
   Personas que dependen de los cinco sentidos. Les convencen los hechos y las pruebas. Les gustan los métodos comprobados y las tareas prácticas y concretas. Son realistas y se basan en la experiencia.

   o INTUICIÓN
   Personas que dependen de un sexto sentido, que se guían por los presentimientos. Les gustan las soluciones innovadoras y los problemas de índole teórica. Se caracterizan por su enfoque creativo de las tareas y por su capacidad de previsión.

3. Forma de toma de decisiones dominante

   o RAZÓN
   Personas que se guían por la lógica y los principios objetivos. Críticos y directos a la hora de expresar sus opiniones.

   o CORAZÓN
   Personas que se guían por los sentimientos y los valores. Anhelan

la armonía y necesitan estar bien con los demás.

4. Estilo de vida dominante

- o ORGANIZADO
  Personas concienzudas y organizadas. Valoran el orden, son personas a quienes les gusta actuar según un plan.

- o ESPONTÁNEO
  Personas espontáneas, que valoran la libertad. Disfrutan del momento y se encuentran a gusto en situaciones nuevas.

Porcentaje orientativo de los diferentes tipos de personalidad en la población

Tipo de personalidad:	Porcentaje:
Administrador (ESTJ):	10 – 13%
Animador (ESTP):	6 – 10%
Artista (ISFP):	6 – 9%
Consejero (ENFJ):	3 – 5 %
Defensor (ESFJ):	10 – 13%
Director (ENTJ):	2 – 5%
Entusiasta (ENFP):	5 – 8%
Estratega (INTJ):	1 – 2%
Idealista (INFP):	1 – 4%
Innovador (ENTP):	3 – 5%
Inspector (ISTJ):	6 – 10%

Lógico (INTP):	2 – 3%
Mentor (INFJ):	aprox. 1%
Pragmático (ISTP):	6 – 9%
Presentador (ESFP):	8 – 13%
Protector (ISFJ):	8 – 12%

Porcentaje orientativo de mujeres y hombres entre las personas con un determinado tipo de personalidad

Tipo de personalidad:	Mujere/ hombres:
Administrador (ESTJ):	40% / 60%
Animador (ESTP):	40% / 60%
Artista (ISFP):	60% / 40%
Consejero (ENFJ):	80% / 20%
Defensor (ESFJ):	70% / 30%
Director (ENTJ):	30% / 70%
Entusiasta (ENFP):	60% / 40%
Estratega (INTJ):	20% / 80%
Idealista (INFP):	60% / 40%
Innovador (ENTP):	30% / 70%
Inspector (ISTJ):	40% / 60%
Lógico (INTP):	20% / 80%
Mentor (INFJ):	80% / 20%
Pragmático (ISTP):	40% / 60%
Presentador (ESFP):	60% / 40%
Protector (ISFJ):	70% / 30%

Bibliografía

- Arraj James, *Tracking the Elusive Human, Volume 2: An Advanced Guide to the Typological Worlds of C. G. Jung, W.H. Sheldon, Their Integration, and the Biochemical Typology of the Future*, Inner Growth Books, 1990.

- Arraj Tyra, Arraj James, *Tracking the Elusive Human, Volume 1: A Practical Guide to C.G. Jung's Psychological Types, W.H. Sheldon's Body and Temperament Types and Their Integration*, Inner Growth Books, 1988.

- Berens Linda V., Cooper Sue A., Ernst Linda K., Martin Charles R., Myers Steve, Nardi Dario, Pearman Roger R., Segal Marci, Smith Melissa A., *Quick Guide to the 16 Personality Types in Organizations: Understanding Personality Differences in the Workplace*, Telos Publications, 2002.

- Geier John G., Downey E. Dorothy, *Energetics of Personality*, Aristos Publishing House, 1989.

- Hunsaker Phillip L., Alessandra J. Anthony, *The Art of Managing People*, Simon and Schuster, 1986.

- Jung Carl Gustav, *Tipos psicológicos*, Trotta, 2013.

- Kise Jane A. G., Stark David, Krebs Hirsch Sandra, *LifeKeys: Discover Who You Are*, Bethany House, 2005.

- Kroeger Otto, Thuesen Janet, *Type Talk or How to Determine Your Personality Type and Change Your Life*, Delacorte Press, 1988.

- Lawrence Gordon, *Looking at Type and Learning Styles*, Center for Applications of Psychological Type, 1997.

- Lawrence Gordon, *People Types and Tiger Stripes*, Center for Applications of Psychological Type, 1993.

- Maddi Salvatore R., Personality Theories: *A Comparative Analysis*, Waveland, 2001.

- Martin Charles R., *Looking at Type: The Fundamentals Using Psychological Type To Understand and Appreciate Ourselves and Others*, Center for Applications of Psychological Type, 2001.

- Meier C.A., *Personality: The Individuation Process in the Light of C. G. Jung's Typology*, Daimon Verlag, 2007.

- Pearman Roger R., Albritton Sarah, *I'm Not Crazy, I'm Just Not You: The Real Meaning of the Sixteen Personality Types*, Davies-Black Publishing, 1997.

- Segal Marci, *Creativity and Personality Type: Tools for Understanding and Inspiring the Many Voices of Creativity*, Telos Publications, 2001.

- Sharp Daryl, *Personality Type: Jung's Model of Typology*, Inner City Books, 1987. Spoto Angelo, Jung's Typology in Perspective, Chiron Publications, 1995.

- Tannen Deborah, *Tú no me entiendes*, Círculo de lectores, 1992.

- Thomas Jay C., Segal Daniel L., *Comprehensive Handbook of Personality and Psychopathology*, Personality and Everyday Functioning, Wiley, 2005.

- Thomson Lenore, *Personality Type: An Owner's Manual*, Shambhala, 1998.

- Tieger Paul D., Barron-Tieger Barbara, *Just Your Type: Create the Relationship You've Always Wanted Using the Secrets of Personality Type*, Little, Brown and Company, 2000.

- Von Franz Marie-Louise, Hillman James, *Lectures on Jung's Typology*, Continuum International Publishing Group, 1971.

www.ingramcontent.com/pod-product-compliance
Lightning Source LLC
Chambersburg PA
CBHW031207020426
42333CB00013B/830